Inspir@r

MARIA RODOLFA GÓMEZ

WordPower Book Series - Edición Español

© Copyright 2022, Fig Factor Media, LLC.
Todos los derechos reservados.

Todos los derechos reservados. Ninguna parte de este libro puede ser reproducida por procedimientos mecánicos, fotográficos o electrónicos, ni puede ser almacenada en un sistema de recuperación, transmitida en cualquier forma o copiada de otra manera para uso público o privado sin el permiso escrito del propietario del copyright.

Se vende con el entendimiento de que el editor y los autores individuales no se dedican a la prestación de asesoramiento psicológico, legal, contable o de otro tipo profesional. El contenido y los puntos de vista de cada capítulo son la única expresión y opinión de su autor y no necesariamente las opiniones de Fig Factor Media, LLC.

Para más información, póngase en contacto con:

Fig Factor Media, LLC | www.figfactormedia.com

Diseño y maquetación de la portada por Juan Pablo Ruiz
Impreso en los Estados Unidos de América

ISBN: 978-1-957058-49-8
Library of Congress Control Number: 2022911975

DEDICATORIA

A mi madre, quien en su bendita imperfección,
me ha dodo todo el amor que tiene para darme.

AGRADECIMIENTOS

A Dios por permitirme aterrizar en este maravilloso planeta, justo en este tiempo y espacio, donde también estás tú.
A mi amada hija, que llena de alegría e inspiración constante, el libro de mi vida.
A mis nietos, por inspirarme a llegar más lejos.
A mis padres, por ser el timón que me condujo a puerto seguro.
A mis abuelos por su mirada generosa que todavía me acompaña.
A mi esposo por su agradable compañía.
A mis tíos, a mi yerno, y a mis hermanos por su complicidad.
A mis amigos que me acompañan, agregándole sabor, color y alegría a mis días.
A mis pacientes y estudiantes, que me motivan y desafían, para continuar preparándome y mantenerme humilde.
A ti, que te permites posar tus ojos en estas páginas. Te invito a que las recorramos juntos.

GRACIAS, GRACIAS, GRACIAS...

INTRO

Imagina por un momento que eres capaz de inspirar a esa persona importante para ti, a salir del entrampamiento interno, a convertirte en su mejor aliado para romper el techo de cristal que le impide conquistar sus sueños, ¿no sería esto maravilloso?

En mi camino de vida y como psicoterapeuta he aprendido la importancia del discurso interno, un diálogo personal que puede invitarnos al exuberante deleite de una vida plena, con propósito y sentido.

O por el contrario, es capaz de encerrarnos en el miedo más aterrador y en la desolación más profunda, llevándonos incluso a platicar con la muerte.

De ahí la importancia de la inspiración, que funciona como las riendas de un caballo fino, indicándonos por donde debemos ir.

Cuando logramos arroparnos a nosotros mismos y asumir lo sentido, haciendo contacto con el flujo de la vida, podemos guiarnos con un liderazgo interno que seguramente obrará de faro para los demás.

Servirá como un atrapasueños, pero no como el adorno que cuelga arriba de las camas, sino como un motor que nos empuja a conquistar los espacios del corazón que aún no sabíamos que teníamos.

INSPIRACIÓN.

Esta simple palabra, de tan sólo 11 letras, esconde en sus entrañas el avance de la humanidad. Los seres preñados por ella, están hambrientos por descubrir los secretos eternos, conquistar los espacios inimaginables, construir máquinas que nos lleven a explorar las profundidades del océano y escudriñar los más grandes misterios del cosmos.

Este sentimiento llevó a Miguel Ángel a esculpir en el mármol tanta belleza y perfección que hace parecer, por un instante, que sus obras hablaran. O a Beethoven, que lo hizo desafiar el silencio para componer las más bellas melodías que se han escuchado. Incluso el inventor Nikola Tesla fue capaz de atrapar energía infinita gracias a ella.

La inspiración es una emoción inconmensurable, incontenible en el cuerpo quieto, que nos hace tocar los dinteles de la esencia del que esté despierto, y soñar con los ojos abiertos mientras se ejecuta la seducción del alma.

Deduzco que es el amor manifestando su creación.

INSPIRACIÓN DIVINA.

Nada me inspira más a cruzar mis tormentas que el sentirme abrazada y contenida por Dios.

Piensa por un instante en el mundo infinito de posibilidades, en 70 millones de espermatozoides embarcados en el viaje para fecundar el óvulo que te dio vida, ¿no te parece increíble?

¿Tienes idea de lo que esto significa?

No estamos aquí por casualidad; otro óvulo, otro espermatozoide y serías alguien completamente diferente, como lo es tu hermano o a tu hermana.

Algo mágico y sagrado apostó por ti y por mí y nos regaló un corazón.

¡Conéctate con él!

Enciende la luz de tu alma para que ilumine tus noches oscuras y tus días soleados, y te lleve a ser la inspiración en la vida de millones de personas que hoy la necesitan.

TU CORAZÓN ES LA SEMILLA DIVINA.

Tu corazón contiene toda la información. Comienza desde tus padres, abuelos, bisabuelos, y continúa hasta tus tatara, tatara, tatara abuelos. En realidad alberga la sabiduría de todos los tiempos.

¿Puedes imaginarlo?

Tu corazón es la semilla que vino a germinar milagros, porque en tu caminar vas generando momentos mágicos mientras te encuentras con otras personas.

Tus dones son un misterio que se revelan en compañía. Dejan una huella indeleble en toda persona que entra o pasa por tu vida, inspirando a otros a romper las murallas de su mente y a tocar las fronteras de su alma, con ayuda de tu ejemplo, tus palabras y tu esencia.

Tu corazón vibra y procesa el mismo tipo de energía de la cual todo está hecho. ¡EL AMOR!

TU PRESENCIA ES EL REGALO.

Los regalos que trajiste al mundo son tus talentos, pero el mejor tesoro que puedes ofrecer, ¡es tu presencia!

A tu paso inspirarás a otros a abrir sus alas y alcanzar sus sueños, sin embargo, es importante que sepas que no siempre será así.

En algunas ocasiones tus actos y tus palabras robarán el coraje y la inspiración de la gente, pero esto dependerá del juicio que tengas de las demás personas y de ti mismo.

De ahí que me parece importante, rescatar los momentos en los que te has sentido amado por Dios; estas oportunidades en las que, sin duda alguna, la vida y el mundo se ven distintos.

Me atrevería a decir que tú también has experimentado manifestaciones en las que te sientes abrazado, contenido o guiado por el Ser Supremo.

¡Recupera esos momentos y guárdalos, por más fugaces que hayan sido!

Una pequeña luz, es capaz de irrumpir en las tinieblas de la caverna más oscura.

EL QUE INSPIRA, ACOMPAÑA DESAFIANDO LA DISTANCIA.

Desde aquí te veo, decía mi abuelo, parándose en la puerta de su casa.

Ese simple acto me inspiraba a enfrentar el miedo de cruzar el puente de mi pequeño pueblo, en aquellas noches oscuras.

Sentir su mirada cubriendo mi espalda me daba el coraje para enfrentar cualquier desafío.

Ahora mismo, aun en la distancia de otros mundos, cierro mis ojos y puedo sentirla, respaldando mis sueños, incitándome a volar más alto y a vencer los miedos disfrazados de imposibles.

Por eso afirmo que "inspirar" es acompañar, aun cuando el otro no esté a tu lado.

¿QUIÉN TE INSPIRO CON SU MIRADA GENEROSA?

Como esa mirada de una madre, en un festival escolar de primavera.

Ella espera emocionada la llegada del mejor artista en el escenario; ¡Su hijo!

Entre la multitud lo encuentra y sus ojos se anclan en él, como la cuerda que mantiene en puerto a un enorme barco. No importa hacia dónde se mueva, sus ojos lo siguen.

Esta mirada amorosa de mamá le da la fortaleza para plantarse en el espectáculo de la vida e interpretar su papel más importante, el de "SER ELLA O ÉL MISMO".

Algunas veces con valentía, otras con miedo y otras llorando, pero lo único importante será el encuentro entre los dos, en una intimidad silenciosa que nutre el corazón de ambos.

LA INSPIRACIÓN ES UNA SEMILLA QUE GERMINA.

La inspiración es como un cálido abrazo de sol a la semilla que se atreve a romperse, a dejar de ser, abandonando su actual y conocida forma para correr la aventura de crecer, de abrirse paso entre la tierra fértil, cruzar el abismo y erguirse ante la nada, extender sus hojas hacia el cielo, con la única convicción de haber sido fecundada por el sol, a quien ofrece ahora su mejor forma y color, como una elegante manera de decir "GRACIAS".

¿Y tú?, ¿cómo agradeces cada día por el regalo de tu existencia?

¿Hay algún aspecto en tu vida que necesite soltar su caparazón para ofrecer al mundo su mejor fragancia?

¿Cómo inspiras al mundo?

NO TE VAYAS SIN CANTAR TU MEJOR CANCIÓN.

No te vayas de este mundo sin cantar tu mejor canción. No te empequeñezcas pensando que no tienes nada mejor que dar.

Si una diminuta semilla de manzana tiene guardado el potencial de un gran árbol, con cientos o miles de manzanas por venir, imagínate tú. No te guardes lo mejor que tienes esperando el momento perfecto, la vida es hoy, aquí y ahora.

Uno nunca sabe cuándo le toca partir.

Pienso que no hay nada más triste que llegar al final de mis días sin haber arriesgado todo por conquistar mis sueños. Sin importar el resultado, lo importante habrá sido el aprendizaje que me deje el camino y el superarme a mí misma todos días.

La conquista de la auto inspiración se logra con constancia y acción; esa es la fragancia que se esparce en el camino.

MILAGROS COTIDIANOS.

Piensa por un momento, ¿cuál de las grandes obras se hubiera construido sin inspiración?

Creo que ninguna, ¿verdad?

Por eso te invito a que protejas tu inspiración, alejando todo aquello que te atrapa y arroja a la frustración, a la rutina plana, empedernida y sin sentido. Por el contrario, busca momentos que te llenen de gozo.

Explora nuevos caminos, mira la luna y platica con ella, juega con los niños y empápate de su creatividad, lee un libro que desafíe tus sentidos, rompe tus mitos convertidos en verdades, canta bajo la lluvia en un verano cualquiera, vístete de gala para cenar contigo, festeja con tus amigos tus locuras tempranas, pero sobre todo, registra cada noche los milagros vividos y por supuesto, AGRADECE y abre tu corazón a disfrutar cada día.

SI TE APRIETA, NO ES TU TALLA.

Cuando te sientes inspirado eres capaz de desafiar las leyes del tiempo y la distancia con tal de alcanzar tus sueños.

Es una fuerza del espíritu que expande tus límites y te empuja a concluir ciclos que ya terminaron, a cerrar las puertas de donde ya no quieres estar.

Te ayuda a dejar ir momentos de la vida que ya pasaron, pues negarnos a decir "adiós" es arriesgarnos a estrangular la alegría de seguir adelante.

La sabiduría que brinda la inspiración, da claridad para saber que no se puede estar presente añorando el pasado, ni ser libre encadenado a la ilusión de un "y si hubiera".

Cuando estás inspirado puedes darte cuenta de que si la situación aprieta, aunque te guste, no es tu talla.

LA INSPIRACIÓN ES UNA FECUNDACIÓN.

¿Alguna vez te ha pasado que no podías dormir, creando o soñando con los ojos abiertos?, y no desde ese desvelo estéril, sino desde esa fecundidad, desde ese "estar despierto" en todos los sentidos. Cuando las ideas se agolpan pidiendo ser plasmadas para embellecer el mundo, igual que lo hacen las hojas de otoño adornando los campos.

La inspiración es esa prisa sutil de no dejar pasar la vida como si nada, es como el botón de un rosal que nos promete una rosa en camino.

La inspiración es la certeza de una vida fecunda.

LA INSPIRACIÓN ES...

La inspiración es como ser tocado por lo sagrado, que hace vibrar las cuerdas de la guitarra interna, generando melodías que harán cantar a quien las escuche a la distancia y bailar a quién esté a su lado.

Es un catalizador para los que están listos para vivir su esencia, reescribiendo su presente y transformando los actos cotidianos en actos de ilusión y de magia.

Es confiar en el amanecer, aun cuando la noche cubra en tinieblas las estrellas brillantes.

Es ver posibilidades ahí donde otros solo ven obstáculos.

Es entrar en el estado de la totalidad con la creación misma, en una alineación del cuerpo, mente y corazón.

Es una sutil fortaleza que eleva el espíritu de quien recibe y da el regalo.

Es como una exquisita fragancia que llena el espacio de forma invisible pero contundente.

"INSPIRAR ES AMAR"

ACERCA DEL AUTOR

María Rodolfa Gómez es escritora, conferencista, cuenta cuentos, con más de 60,000 horas de experiencia como psicoterapeuta, pero sobretodo es una enamorada de la vida, que ama aprender y compartir lo aprendido.

Cuenta con un doctorado en Psicología Existencial, una maestría en Psicoterapia Gestal, licenciatura en Psicología Educativa, y diferentes especialidades como: Psicoterapia de Danza y Movimiento, Hipnosis Ericksoniana, Programación Neurolingüística, Sexualidad Tántrica, Biodescodificación, Terapia Familiar Sistémica, Psicoterapia Traspersonal y Coaching, entre otros.

Ha dictado cátedras, impartido conferencias, talleres, diplomados, en distintas empresas y universidades.

Es autora de los siguientes materiales:
Libro "Coaching para la Prosperidad".
CD "Cuentos de María", metáforas con PNL y Coaching.
Coautora de los libros "Coaching Educativo Transpersonal" y "Today's Inspired Latina" volumen 9.

Ha viajado a diferentes partes del mundo para conocer de cerca la psicología perenne de los pueblos.

Está convencida de que "INSPIRAR ES AMAR".

mariarodolfa.com

www.ingramcontent.com/pod-product-compliance
Lightning Source LLC
Chambersburg PA
CBHW060411010526
44107CB00006B/651